Notin Diboa Etouke

Prémices

Notin Diboa Etouke

Prémices

Éditions Muse

Cover image: www.ingimage.com

Publisher:
Éditions Muse
is a trademark of
Dodo Books Indian Ocean Ltd., member of the OmniScriptum S.R.L Publishing group
str. A.Russo 15, of. 61, Chisinau-2068, Republic of Moldova Europe
Printed at: see last page
ISBN: 978-3-639-63566-9

Prémices

DIBOA ETOUKE Notin

Prémices

Avant-Propos

Il est des choses qui vous arrivent dans certains moments de votre existence comme un accident. Devenir poète n´est pas un projet pense et mature. Il s´agit si je puisse me permettre d´un heureux accident. Au départ il était juste question de proposer des textes aux camarade du lycée afin de les divertir. Au fils du temps je me suis retrouve avec un ensemble de texte et je me suis demande pourquoi les publier afin de pouvoir divertir au-delà de mon petit cercle d´ancien lycéens. Car c´est toujours un grand plaisir de se sentir lu par d´autres.

Ce recueil regroupe une vingtaine de poèmes écrits il y´a aujourd´hui une quinzaine d´années. Il ne s´agit pas d´un mémorandum ou d´un manifeste, ni d´un appel a la haine. Il s´agit du ressentit que l´auteur a pu avoir sur différentes thématiques à un moment donne de sa vie. Ils mettent en exergue des passions qui ont souvent habité son esprit et dont il a pour certain été oblige de refouler tellement elles étaient des objectifs un peu trop loin à atteindre.

Les poèmes peuvent être divise en deux groupe.il s´agit d´un mélange de prose, de vers libre et a poésie lyrique. Le premier groupe exprime, dénonce un état de fait observe dans l´environnement de l´auteur. Il exhorte aussi les citoyens africains à une prise de conscience par rapport aux faits dénonce. Ces poèmes ne sont ni un manifeste politique ou un mémorandum. Il n´est non plus un appel à la haine raciale. Ils présentent juste une réalité telle que l´auteur l´a perçu à un moment de son existence. Le second groupe est de la poésie lyrique.

Nous l´avons appelé Prémices car il est le premier que nous soumettons au lecteur. De nombreux autres sont en préparation. Non pas seulement de la poésie, mais aussi des romans des ouvrages scientifiques… Il s´agit donc du coq qui annonce le levé du jour.

Espoir

Je vous remercie
Mon ami
Pour cette panique
Qui fait que
Vous arrivez à moi
En ce mois
Qui se fait très chaud
Et du reste très beau
D'avril
Je suis en exil
Énormément maltraité
Vexé et énervé
Par les très mauvais
Traitement et corvées
Que me font subir ces peureux
Plein de malices et de mauvaise humeur
En ce temps lent
Où les talents
Son cachés
Où les péchés
Sont vanités
Vous n'oubliez
Pas que vous aviez

Un ami enlevé
Et exilé
Au font d'un si lointain continent
Inconnu de vous
Voulez-vous y arriver
Non ne pleurez pas
Ce n'est pas éternel
Je vous reviendrais
Au pays paternel
Si mon corps est retenu
Mon âme lui est en liberté
Un jour inconnu
Mon corps chargé de meurtrissures gagnera
De ces ingrats
Toutes sa liberté
Lorsque ces mes geôliers seront fatigués
De me maltraiter
Je reverrai
Ce beau pays ensoleillé.

Amalgame

Pour toi ils ont marché
Pour toi ils ont manifesté
Pour toi ils ont lutté
Pour toi ils ont été exilés
Mes frères ont été massacrés !
Maudit soit le jour où tu es apparus
Dans le vocabulaire grec
Maudit soit le jour où tu fus
Adopté
Maudit soit l'instrument qui
A servit à te transporter vers l'Afrique
Maudit soit l'océan qui servit de chemin
Maudit soit la boussole qui
Indiqua ta position
Car tu n'est que malheur
Toi Démocratie!!!!
Pour toi
Ils sont morts
Ils ont destitué
Ils ont détruit
Ils ont fait des génocides
Ils ont outragé
Pauvre de nous Africains

Pauvre de toi Afrique
Tu t'administrais librement
Tu te développait calmement
Comme la poussière au passage de vent
Tu t'es affolé devant un mot
Tu as fait de lui la condition
Sine qua non de ton développement
Tu as laissé ce mot
Te créer des maux
Tu l'as accueilli comme un dogme
Tu t'es laissé déstabiliser
Tu as désarmé devant cette conception
Sans comprendre la déception
Que cela apporterai à tes enfants
Tu as paniqué
Comme si cette pratique
T'était étrangère
Ils ont réussi leur pari
Mais Afrique
Mes frères veulent que
Cela serve de leçon
À ta postérité
Que ce mot soit banni de ton vocabulaire
Que ta prospérité

Ne soit plus liée à la Démocratie
Que tes enfants ne s'affolent plus
Que notre tradition domine les concepts
Que les autres ne cessent d'exporter vers toi
Que notre culture soit notre repère
Que les conseils dilatoires
Ne puissent trouver écho à tes oreilles
Démocratie
Laisse ma Patrie
Que ce mot soit ostracisé de nos sociétés
Depuis le sein maternel
Jusqu'au crépuscule
Car il est sans intérêt pour nous
Sans elle nous avons vécu
Sans elle nous avons connu la paix
Avec elle nous avons perdu
Avec elle nous avons connu le chaos
En la rejetant nous auront une vie meilleure
Démocratie
Loin de l'Afrique
Car tu es une notion obscure
Un enseignement pervers
La liberté ne fait pas de bruit
La liberté ne veut pas voir couler le sang

Mais à cause de toi
Démocratie
Ces pratiques sont usuelles
Où tu frappes
De l'Orient à l'Occident
Du septentrion au Méridional
Les coups d'États sont perpétrés à ton nom
Plusieurs familles sont
Mises en difficultés par toi
Les enfants de Mauritanie, Thaïlande, Syrie, de Libye...
Ils ont vu leur liberté maigrir en ton nom
Démocratie
Retourne en enfer
Que ceux qui t'aime l'utilisent
Sans vouloir t'exporter
Nous sommes heureux sans toi
Démocratie soit banni
Démocratie quitte l'Afrique
Afrique ne reste pas sans démocratie.

Afrique

Continent de mon enfance
Continent de ma civilisation
Continent de mes ancêtres
Afrique
Afrique mon Afrique
Afrique berceau de l'humanité
Afrique fort et poubelle de l'Occident
Peuple Africain
Peuple Noir
Peuple Nègre
Peuple traître
Je me lamente longuement
Des souffrances que te font subir
Ces créatures inhumaines
Ces immoraux
Ces descendants de l'Afrique
Ces hommes sans considération
Pour ta personne
Ces hommes sans considération
Pour l'aïeul que tu es
Ces bourreaux qui fécondent mon courroux
Depuis ma sortie
Du sein du sain saint de ma mère

Depuis qu'on m'a appris
Mon histoire
Ton histoire
Ton Esprit
Tes frustrations
Les contraintes indélébiles
De ton si noir passé
Continent de mon enfance
Continent de ma civilisation
Continent de mes ancêtres
Afrique
Ils m'ont fait pleurer
Ils t'ont fait saigner
Ils t'ont détruit
Afrique
Ils t'ont exploré pour mieux d'exploiter
Ils t'ont menti pour mieux t'abrutir
Ils te mentent pour continuer à d'assujettir
Ils se sont moqués de toi pour s'en orgueillir
Ils ont fait couler le sang
Le sang de ton sain sang
Sang saint de tes martyrs
Ils le payeront certainement un jour
Je me battrai avec conviction

Et beaucoup de détermination
Pour que toi Afrique
Tu gagnes en dignité
Afrique mon Afrique......

Le bilan

Sèche tes larmes
Baisse tes armes
Apaise ton âme
Afrique
Si tes Patries
Ont été meurtrie
Tu es en partie
Responsable de cette tuerie
Car tu as fait parmi
Tes enfants un cri
Pour en sortir
Les mieux bâtis
Tu les as vendus
Pour un dû
De rien du tout
Tu n'étais pas conscient
Du grand déficient
Que tu créais dans ta science
À présent Afrique
L'heure du bilan est venue
Il faut connaître l'ampleur
Des dégâts de cette terreur
Tes pleures

Feront grandir ta peur
Afrique sèche tes larmes
Avec tes rejetons
Tous en un peloton
Agissant comme une tortue
Mais sans lenteur aucune
Bâtissez le continent
Servez-vous de vos mémoires d'éléphant
Pour comprendre les causes de cette barbarie
Enfants d'Afrique
Le retard est énorme
La guerre n'a plus sa place
Cherchez le consensus
Afrique....

Mon pays

Mon pays mon berceau
Depuis l'aube de ma tendre enfance
Loin d'une vie faste
Et de toutes les violences de l'indépendance
Tu as toujours su me poser
Dans un lieu calme et fertile
Où le travail est une valeur
Nos ancêtres coulent les larmes
Lorsqu'ils nous content ton histoire
Comme une alarme
À ton répertoire
Pays multiethnique Cameroun je t'aime
Pays d'hommes forts
Nation d'hommes intelligents
Patrie d'hommes courageux
Mon pays, ma Nation
Aujourd'hui dépourvu
De plusieurs richesses dont était pourvu
Ton sol béni
Je ne m'inquiète point de mon avenir
Car tu le garantis
Malgré les attaques des démons
Garde moi... Garde ton enfant

Protège ton poussin
Sous tes larges ailes
Surtout avec beaucoup de zèle
Je conterai à ceux qui ne sont pas nés
Ce que tu m'as donné
Et que personne ne peut prendre
Garde les... Garde tes fruits
Loin de tes ennemis
À l'ombre des ennuis
Pays de toutes les critiques
Nation de toutes les convoitises
Patrie de tous les sacrifices
Lève-toi oh Cameroun
Bâts toi oh ma patrie
Comme moi
Tous tes enfants ont besoin de toi
Longue vie à toi
Ne chavire pas
Ne frémis pas
Ne titube pas
Ne te déroute pas
Avec cet élan
Tu ne seras jamais trahit par tes enfants.

Douleur d'un citoyen

Ils sont venus de leur lointain pays
Ils t'ont fait payer le prix
De leur pauvreté naturelle
Du dessus de leur passerelle
Ils t'ont donné un nom
Tu n'as pas pu dire non
Car ils te l'ont imposé
Ils se sont imposés
Ils ont imposé à ta culture la leur
Ils t'ont collé une identité
Après une barbarie avancée
Comme le koki ils t'ont divisé
Ils t'ont fait passer
D'une main à deux autres
Comme un enfant
Incapable de se défendre
Oh Cameroun mon pays...
Victime des machinations
Ils t'ont déclaré indépendant
Car tes martyrs refusaient ta dépendance
Cette cadence très dense
De toutes les formes possibles d'atrocités
Que t'ont fait subir

Des hommes libres
Des hommes dit civilisés
Des hommes venus te civiliser
Oh mon pays
Avec ton histoire brutale
Ton ressent passé horrible
Ne cessera jamais à m'émouvoir
De transformer mes rêves en cauchemar
Oh Cameroun...
Berceau de ma civilisation
Berceau des brutalités
Tu as vite pansé
Les plaies de ton passé
Tes enfants pardonnent tes persécuteurs
Acteurs et metteurs en scène
Des malheurs de notre Nation
Cameroun soit fort!!!!
Cameroun résiste...
Cameroun ne pleure pas
Ils arrivent à ta rescousse
Ils sont ta source
Où viendront les énergies
Pour te sauver de la tragédie
De tes prédateurs affolés

Oh Cameroun soit sûr....
Tu pourras dire un jour
Que tes années de difficultés sont finies
Ma patrie
Ma Nation
Mon pays
Ma passion
Cameroun je t'aime.

Cameroun

Cameroun ma Patrie
Pays dont les martyrs
Ont jadis été meurtris
Ils ont été abattus
Par les rafales
Des armes folles
Qui crépitaient pour faire taire
On les a réduits au mutisme
Au nom du patriotisme
Sans scrupule pour leur nationalisme
Cameroun pays de mes ancêtres
Ils ont fait tressaillir
Des armes mitraillettes
Contre ta jeunesse
Qui n'est pas restée muette
Cameroun pays de paix
Ceux qui ont eux la charge de placer tes jalons
Ont dit vouloir te donner une identité
Une identité positive
Cameroun
Il ne te reste aujourd'hui
Que des larmes pour exprimer ta peine
Le patriotisme jadis inculqué à tes enfants

A aujourd'hui déserté ta société
La citoyenneté
A quitté les comportements de tes familles
Cameroun
Pays de kum'A Mbappe
Patrie de Manga Bell
Nation d'Um Nyobe
Dignes fils de ta construction
Qui sont déjà passés dans l'au-delà
Mais dont tu reste toujours fière
Tu n'es pas abandonné
Tu as une jeunesse solidaire et dynamique
Soucieuse de ton devenir
Cameroun
Lutte contre l'égoïsme
La cupidité, la pauvreté
De tes enfants actuels et avenir
Sois fort Cameroun
Essuie te larmes chères Cameroun
Ta postérité te reviendra très bientôt
Que Dieu te garde!!!!!

Vous qui.....

Gouvernements Africains
Gouvernements de mon continent
Vous qui faites germer la souffrance
Vous qui enfantée la misère
Vous qui étés représentants du peuple
Vous qui lui arrachez le pouvoir
Vous lui arrachez son pouvoir
Vous bafouez sa souveraineté
Gouvernements mesquins
Vous jurez allégeance
À ce peuple sans moyen de subsistance
Malgré son intelligence
Il se meurt en subsidence
Avant le raz-de-marée de Djakarta
Avant le séisme de Tokyo
L'humanité toute entière
Déplorait déjà votre cynisme
Gouvernements machiavéliques
Vous transgressez quotidiennement
La mémoire du peuple
La mémoire d'un peuple
La mémoire des peuples auxquels vous appartenez

Vous occultée l'histoire
Vous faites honte à nos ancêtres
Vous avez tué le père
Vous avez soumis le fils
Vous rendez impossible la vie du fœtus
Vous entravée la formation de l'embryon
Vous vous dressez contre la nature
Chers gouvernements
Sachiez qu'en toutes choses
Vous allez rendre compte
Devant un tribunal incorruptible et incorrompu
Car vous n'avez que des choses
Qui n'ont aucune valeur devant Dieu
Gouvernements Africains
Gouvernements de min continent
Soyez humain
Car vous avez une postérité
Même si vous vivez relativement heureux
Tout en leurs préparant un avenir meilleur
Il n'est pas sûr qu'ils en bénéficient
Après vos départs en catastrophe du pouvoir
Des faveurs de la fraude
Ayez de la compassion pour ce peuple
De la passion pour la Nation

Soyez responsable
Chers pères....

Mes frères

Mes frères ne partez pas
Ne quittez pas le pays de vos gènes
N'abandonnez pas la mère patrie
Mes frères restez
Vos départs sont tels qu'un génocide
Le bonheur que vous allez chercher si
Durement plus loin est si
Facilement acquis ici
Vous serez dans ces pays comme
Des enfants issus d'un viol
Vous serez compétents
Mais vous ne serez pas reconnus
Vous serez riche mais pauvre
Dans ces pays inconnus
Mes frères revenez
La mère patrie vous compte par milliers
Qui vous êtes délié
Comme des villages arabes
Après une razzia
Nos parents vous considèrent comme en bataille
Car vous êtes allez chercher le travail
Dans un pays où il y a des chômeurs
Mais nous prions tous les jours
Qu'ils vous soient pardonnés cette infanticide
Soyez calme
Nous avons des armes
Pour défendre vos âmes
Si lion de vous
Au levé du soleil

Nous ressentons vos cœurs qui
Battent tous au rythme de nos
Tambours ancestraux
Nous n'espérons pas vous voir
Revenir dans des coques
Où sur les bandes des scènes
Riches en teneures obscènes
Mes frères comprenez nous
Ces hommes sans pudeur
Vont vous rejetez dans ces pays
Que vous avez quittez
Comme la mer qui rejette les cadavres et leurs odeurs
Une pensée nous hante les cœurs
Celle de vous voir venir
Dans les heures à venir
Dès l'aube nous vous disons bonjour
À l'écoute des chants des grillons
Lorsque les travaux des sillons
Sont terminés dans les champs
Nous vous disons bonne nuit
Mes frères nous vous aimons
Ne partez pas
Restez!!!!
Revenez partager avec nous
Le couscous
Comprenez que le vrai bonheur
Se trouve chez nous
Dans nos huttes
À l'intérieur de nos champs de patates

À présent que vous êtes partis
Nos villages ressemblent à de
Vieux contes de fée
Car il y a plus que des visages ridés

Mes frères de tout bord
De tous sexes, de tous âges
Frères de même pays
Ayons pour notre Nation
Une grande passion
Chérissons la mère patrie
Peuple peul, bantous, semi-bantous,
Peuple arabe, peuple africains unissons-nous
Pour entraver la débandade
Dont nos villages en sont victimes
Mes frères je vous aime
La patrie vous interpelle
Le devoir nationaliste vous appelle
La tâche est très lourde pour moi…..
Mes frères revenez!!!

Un riche-pauvre

Je suis nègre et je suis riche
Je suis fier de ma couleur
Ceux qui me disent sauvage
C'est ceux qui ont besoin de moi
Ceux qui m'appellent pauvre
C'est ceux qui m'ont paupérisé
Non je ne suis pas pauvre
Interrogez-vous pourquoi ils
Dépensent beaucoup d'énergie
Non ils n'aiment pas ma race
S'ils sont là
C'est parce que je suis riche
Comment imaginer que
Je possède les meilleures armes de la terre
Comment comprendre que chez moi
Il est plus facile d'avoir une arme
Que d'avoir du pain
Alors que je n'en fabrique pas d'arme
C'est eux qui nous les vendent
Et un pauvre ne pourrait s'en approprier
Frère et sœurs de couleur et de race
Si vous étiez pauvre
Ils ne devaient jamais vous coloniser
Si vous étiez pauvre
Ils ne devaient avoir aucune réticence à quitter L'AFRIQUE
Si vous étiez pauvre ils ne
Devaient plus penser à vous
Vous êtes riche

La forêt équatoriale
Le pétrole du Nigéria
Le sous-sol du Katanga
Le manganèse du Gabon, la Guinée,
L´or de l'Afrique du Sud
Le cacao de la Côte-D'ivoire
L'uranium du Niger
La banane du CAMEROUN
Ils en ont besoins
Ils dépendent de vous
Oui !! Sans toutes ressources
Ils n'existent pas
Sans toutes ces ressources
À Dieu leur puissance apparente
Ils disent que nous sommes pauvres
Ils nous disent très endetté
Qui a commencé en premier
À contracter les dettes
Qui est le premier à n'avoir pas payé ses dettes
Ce n'est pas moi
Non! Ce n'est pas l'AFRIQUE
Ils n'ont jamais évalué ce qu'ils nous doivent
Des hommes ont été déportés
Les sols et sous-sols ont été spoliés
Non! Nous ne sommes pas pauvres !!!
Ils n'auraient fait toute cette distance
Au péril de leur vie pour les pauvres
Ils n'auraient pas bravé
L'Atlantique et ses tempêtes
Pour vous apprendre la Parole

Affronter les cyclones de la méditerranée
Pour soigner la maladie du sommeil
Je suis nègre et je suis riche
Fière de la couleur de ma peau
Je n´ai jamais connu la pauvreté

Dorothy

Chaque parcelle de ton cœur
Est une vie pour moi
Si la sècheresse y venait
C'est un monde qui disparaitrait
Un monde remplit d'Amour pour toi
C'est en regardant le ciel
Que j'ai compris que je n'étais rien
C'est en te regardant
Que j'ai compris que tu étais tout
Dis aux oiseaux de ne plus chanter
Dis aux ruisseaux de ne plus couler
Ne me dis pas de cesser de t'aimer
La mesure de l'Amour est d'aimer sans mesure
Amoureux de toi pour un jour
Amoureux de toi pour toujours
Telle est ma devise
Si tous les poètes ont trouvé
Une seule définition au mot AMOUR
Combien en auraient-ils trouvé en te voyant ?
Je t'envoie mes corbeilles plaines de baisers
Dans un wagon fait d'AMOUR
Tiré par une locomotive de désir
Sur les rails du bonheur
En effet à l'horloge de la tendresse
Où mon AMOUR pour toi n'a pas une seconde de retard
Je voudrais te dire que
Si l'océan était une feuille de papier
Je n'aurai jamais assez de place

Pour te dire combien je t’aime
Sache donc que
Si la colombe devient Noire
Et le corbeau Blanc
Alors peut être mon AMOUR
Cessera d’exister
Dors avec les anges
Rêve avec moi
Et rêver avec les anges …

Femme

Toi dont la tendresse suscite tant de passion
Toi dont le quotidien est rythmé par tant de brutalité
Toi dont la présence fait germer tant de projet
Toi dont l'Amour est réprimé par la violence
Tu es une fille
Tu es une sœur
Tu une femme
Poubelle des colères journalière
Victime des échecs professionnels
Tu es une épouse
Tu une mère
Les hommes ne sont pas la seule source de tes malheurs
Mais aussi les femmes
Car elles sont concubines
Elles sont amantes
Elles sont coépouses
Tu es la lune
Car tu éclairs
Nos épisodes sans éclairs
Nos nuits sans lampes
Tu es la mère
Tes sacrifices sont vains
Ton honnêteté est source de nervosité
FEMME
Quoi qu'on puisse dire
Tu restes et démures

La raison de vivre
Conscient de son existence
Tu es l'épouse
Tu une mère
Tu es la mer
Nul ne peut appartenir à ce monde
Nul ne peut gouter aux repas de cette terre
Nul ne peut partager le bonheur suave de cet univers
S'il ne passe par toi
Sois raisonnable
Ne pleure plus
Femmes d'AFRIQUE
Femmes d'Amérique
Femmes d'Asie
Femmes d'Europe
Vous êtes les Rênes
Vous êtes belles
Je vous aime toutes
Vous êtes des MERES!!!!

Aurore

Jeune fille
Jeune fleure
Ton nectar attire l'abeille que je représente
Physiquement éloigné
Moralement rapproché
Tu fais battre mon cœur au
Rythme d'un tambour ancestral bantou
Tu fertilises mes sentiments
Tu éveilles mon émotion
La beauté de ta peau fait honte au soleil
Car il se cache dès que tu apparais
L'éclaire de tes yeux dépasse celle de la lune
Mon Amour pour toi est
Plus grand que la terre
Mes projets pour toi sont plus
Nombreux que les étoiles du ciel
Ton parfum éveille mes éveille mes souvenir d'enfance
Il est resté sur cette racine
Il rappelle à mon esprit
D'avoir rencontré une merveille pour mes yeux
Ton sourire éclaire les ténèbres
Lorsque tu es proche de moi
J'ai une sècheresse verbale
Je n'arrive vraiment pas à m'exprimer
Il n'y a qu'une chose utile
Importante, vrai, et bien
Fondé que je puis te dire
C'est que je t'aime

L’Amour que j’éprouve pour toi est violent
Il me rajeunit
Il m’inspire
Ton regard et nos conversations me font craquer
Mon rythme cardiaque augmente tel un ouragan
Si j’étais jardinier
Je t’offrirais la meilleure place dans mon jardin
Si j’étais fleuriste
Je t’offrirais la rose la plus rose, la plus jeune
La plus solide, la mienne
Si au contraire j´étais poète
J’écrirais mes plus beaux vers pour toi
Ceux que l’humanité n’a jamais connus
Si j’étais un pendule
J’arrêterais le temps de peur de te voir vieillir, de te perdre
Notre Amour ne sera pas comme le soleil qui se lève et se couche
Il demeurera éternel
Comme les vagues de l´océan
Comme les eaux de l’Amour

Grande âme

Femmes d'AFRIQUE
Femmes Africaines
Femmes secrètes
Mères de nos mères
Le secret de l'homme se trouve en ton sein
Femmes Belles
Femmes fidèles
Femmes maternelles
Femmes rebelles, et mortelles
Tu es la mortification pour des cœurs
Femmes jalouses jadis immaculé par des festins de fessé
Mais tu reste
Jolie, joyeuse, jalon de la vie
Toi qui nous fais gouter
Si suavement tes douceurs
O Amour, O Beauté
O Charité, O Solidarité
Hé !! Accueillantes, Agréable et Passionnante
Jouirais-je donc de vos délices ?
ALIMATOU
FADIMATOU
Mères, sœurs, épouses et filles
D'EBOA
EDIMA
ETOUKE
O Amour, O Beauté
O Charité, O Solidarité

Hé!!!!
Jalon de la vie après le divin
Élise, Christine…. Nous vous aimons
Gardez-nous dans votre sain sien
Dans vos bras,
Dans vos maisons
Dans vos chambres
Et dans vos lits
Tunisiennes, Botswanaises
Santoméennes, Camerounaises
Vous êtes belles
Je vous aime bien
O Amour, O Beauté
O Charité, O Solidarité… Hééé!!!!!
Jalon de vie…….

Toi mon…..

Jeune fille
Fleure qui achève sa floraison
Fleure sur laquelle tout les abeilles désir se poser
Source d'attractions
Source d'infractions
Source d´alimentation
Source de vie...
Tu étais, tu es, et tu serras
Toujours un sujet de polémique
Tant que tu garderas ton mystère si mystérieux
Mère de l'humanité
Mère des souffrances
Mère des solutions
Tu serras toujours au centre de nos quêtes démesurées
Soit intelligente
Soit imposante
Soit sage
Mère de l'humanité
Mère des souffrances
Garde-nous
Tes Amis
Tes Enfants
Tes Amants
Tes Frères
Tes Copains
Tes Concubins
Tes maris
Soit sage FEMME….!!!

Grande Alice

Toi ALICE grand calice sacré
Toi qui fis naître des sentiments
Toi qui féconde mon enthousiasme
Toi qui rajeunis mon existence
Toi qui fais chanter les cœurs
Toi ALICE ….
Tu es le califat
ALICE !!!
Tu es la fleur de mon printemps
La rose de mon moi de Mai
Tu es ma perle
Perle du Calife
ALICE!!!
Tu es une beauté sans parures
Qui fait battre par millier les cœurs
ALICE, calice sacré….

Esther

ESTHER mon éclaire
Tu n'es pas la colère
Des violents tonnerres
ESTHER
Mon Amour
Mon espérance
Toi dont la beauté est si resplendissante
Toi qui fis chanter tous les rois Juifs
Toi dont la beauté redonne l'intelligence
ESTHER
La tornade qui brouillait les ondes de notre amitié
La tempête qui voulait faire chavirer notre navire
La puissance qui manquait à notre réacteur
La pluie qui manquait a notre jardin
Esther
Tu ne t'imagine pas combien j'ai eu peur
Je n'ai prononcé aucune parole
Qui offense la pudeur
ESTHER la juive
ESTHER de l'ancienne alliance
ESTHER de Racine
ESTHER mon Amérique
Je t'ai trouvé comme
Christophe Colomb a découvert l'Amérique
Ta beauté semblable aux richesses de ce continent
A captivé mes sentiments
La vie ne m'en laisse pas le choix
Soit à moi tout seul

Comme l'Amérique à Colomb
Comme le ciel à DIEU
Comme la femme à l'homme
Comme l'eau pour l'océan
ESTHER
J'ai beaucoup d´affection pour toi
Eclair de vie!!!

Alice

ALICE mon espoir
Mon Amour, ma Fidélité
Ma force, ma conviction
Mon cœur, mon héroïsme, ma vie, mon paradis
Tout est à toi ALICE
Tu es complice
De mes escalades
Tu mon précieux moi de MAI
Prend mon existence
O grande ALICE
Tout t'appartient
O maitresse de chaque sentiment
Oasis de ma vie
Ton nom figure dans chaque conversation
Sur chaque lèvre, dans chaque rêve
Dans chaque cœur masculin
S'il m'arrivait de choisir une épouse
Bien aimé ton nom sera le premier que je prononcerai
S'il faudrait je prononce un nom en présence de mes amis
Ce sera le tien
Les premiers mots que j'apprendrai au monde à ton sujet sont
J'AIME ALICE!!!

A vous
Mademoiselle de la lune
Votre sourire parapluie de mon cœur. Votre beauté la lumière de mes pas. A cet effet, je vous convie à une rencontre des astres. Ainsi j'aurai le plaisir au cours d'un cours de vous faire ma révérence. Soleil d'hiver, ne manquez pas à cet appel de détresse. Comprenez cet oiseau qui recherche un nid. Cet homme injustement condamné qui recherche sa liberté. CET explorateur qui découvre enfin son Amérique. Ce présumé orphelin qui découvre son parent. Ce malade dont la maladie trouve l'antidote. Ce nomade qui se sédentarise. Ce vagabond qui trouve une demeure. Ce papillon qui revoit le printemps avec sa rose. Ne manquez pas à la rencontre des astres. Rencontre de la Lune et de la Terre à Jupiter.
Demoiselle de la Lune….!!!

Toi Alice

ALICE mon calice
Complice
De mes évasions permanentes
Tu es le califat
Je suis ton grand calife
Je pénètre au très profond de tes pensées
Sans pour autant t'affronter
Je me résigne à te contempler
J'ai pour toi la passion
Ton silence
Est pour moi un signe de séduction
Il te rend complice
ALICE
De ma désertion
De mon champ de bataille
Tu apparais
Comme solution unique
Résultant de ma panique
ALICE mon calice
Tu m'oblige à me rapprocher moralement de toi
Tu es la seule source d'eau de mon désert
ALICE mon califat
Sans n'avoir jamais eu un contact physique
Nous cheminons tous les jours bras dans les bras avec toi
Tu es une perle
Tu existes même dans mes rêves
Je nourris pour toi plusieurs projets d'avenir
Les parures n'ajoutent rien à ta beauté
Tu n'es pas jolie
Tu es belle

ALICE mon calice
Ton si lisse
Et doux visage ne laisse personne indifférent
Ta franchise est une denrée rare
D'autres t'ont dit des choses pour des intérêts malsains
J'exprime ce sentiment par Amour
Tu es ALICE
Mon calice
Je suis le calife
Je me dois de te protéger
C'est mon devoir
Même si je ne fais rien de visible par les hommes
J'envoie tous les jours vers DIEU des prières
Tu es un patrimoine
Tu es mon patrimoine
ALICE
Je t'admire
Tu es dans ma ligne de mire
Les renseignements à ton sujet
Me sont d´une importance capitale
Sans demander à qui que ce soit
Je les recherche
Ta voix est pour moi une sonnette d'alarme
Qui m'appelle à une prise de conscience
Comme les paroles d'évangile je les respecte
ALICE mon Calice
ALICE mon Calife

Ma boussole

Je me rappelle de ce ciel
Au soir de mon enfance
Après une journée épouvantable
Je contamplais donc ce ciel
Ce ciel uniforme et unique
Pour tout les continents
Ce ciel Africain
Ce ciel de mes ancetres
Oh ciel
Au crepuscule
Assis près de mon père
Avec qui on formait une paire
Nous contemplions ce ciel
Immense mystère pour l'humanité
Tu apparais dans mes souvenir
Comme une immense decoration
Regardez-ce ciel, sa lune et ses étoiles
On dirait des radard
Manifique creation divine
Qui vient accompagner ce vin de vigne
Oh ciel!!!
Toi vers qui toutes pensées convergent
Le seul fait de te contempler est une victoire
Espoir en un lendemain meilleur
Tu guidas les siècles durant l'humanité
Toi qui fus avant la terre
Témoin de toute existence
En ce jour solennel
Prés d'un nouvel aube
Loin de ce crépuscule
Je me laisse emporter par les souvenirs

C’est alors que je me rends compte tu as plusieurs faces
Mais le mystère est le même

Table des matières

Printed by Books on Demand GmbH, Norderstedt / Germany